Philogelos

(Φιλόγελως)

Philogelos

(*Avant Nasr Eddin Hodja...*)

© 2021 Christophe Noël

Édition : BoD – Books on Demand, 12/14 rond-point des Champs-Élysées, 75008 Paris

Impression : Books on Demand, Norderstedt, Allemagne

ISBN : 9782322250622

Illustration : Ane qui rit

AUTRES PUBLICATIONS DE L'AUTEUR

- Les Très-mirifiques et Très-édifiantes Aventures du Hodja Nasr Eddin **Tome 1** (BOD)
  - Nasr Eddin Hodja rencontre Diogène – **Tome 2** (BOD)
  - Nasr Eddin sur la Mare Nostrum – **Tome 3** (chez l'auteur)
  - Le Sottisier de Nasr Eddin – **Tome 4** (BOD)
  - Nasr Eddin en Anglophonie – **Tome 5** (BOD)

EBOOKS (Version numérique):

- Errances – recueil de nouvelles (BOD)
- Exquises Esquisses, Tomes 1 et 2 – galerie de portraits (BOD)
- Notes Bleues – écrits divers (BOD)
- Nathalie et Jean-Jacques – recueil de nouvelles (BOD)

- Les Très-mirifiques et Très-édifiantes Aventures du Hodja Nasr Eddin – **Tome 1** (BOD)
  - Nasr Eddin Hodja rencontre Diogène – **Tome 2** (BOD)
  - Le Sottisier de Nasr Eddin – **Tome 4** (BOD)
  - Nasr Eddin en Anglophonie – **Tome 5** (BOD)

  - Les Ysopets – 1 – Avianus (BOD)
  - Les Ysopets – 2 – Phèdre – version complète latin-français (BOD)
  - Les Ysopets – 2 – Phèdre – version Découverte en français (BOD)
  - Les Ysopets – 3 – Babrios – version Découverte en français (BOD)
  - Les Ysopets – 4 – Esope – version Découverte en français (BOD)
  - Les Ysopets – 5 – Aphtonios – version en français (BOD)

- Les Fabulistes Classiques – 1 – Bensérade (BOD)
- Les Fabulistes Classiques – 2 – Abstémius - Hecatomythia (BOD)
- Les Fabulistes Classiques – 3 – Florian (BOD)
- Les Fabulistes Classiques – 4 – Iriarte – Fables Littéraires (BOD)
- Les Fabulistes Classiques – 5 – Perret – 25 Fables illustrées (BOD)
- Les Fabulistes Classiques – 6 – Krilov - Basni (BOD)

- Histoire et avantures de Milord Pet (BOD)
- Eloge du Pet (BOD)
- Discours sur la Musique Zéphyrienne (BOD)

- **De la Servitude volontaire – ou Contr'Un**
- **La Désobéissance civile**

- Jacques Merdeuil – nouvelle - version française (Smashwords/Google)
- Jacques Shiteye – version anglaise – traduit par Peggy C. (Smashwords/Google)
- Ζάκ Σκατομάτης – version grecque – traduit par C. Voliotis (Smashwords/Google)
- Le Point Rouge – nouvelle - version française (Smashwords/Google)
- The Red Dot - version anglaise – traduit par Peggy C. (Smashwords/Google)
- Sue Ann – novela (Google)

Commandes – dédicaces : christophenoel2020 [at] gmail.com
Et maintenant une nouvelle page sur Facebook : « Les aventures de Nasr Eddin Hodja »

INTRODUCTION

Précision liminaire : Pour la présente édition de Φιλόγελως, le document de base utilisé est celui d'Albert Thierfelder, ''Philogelos. Der Lachfreund'' (Munich : Heimeran, 1968). Certaines anecdotes se présentent sous deux voire parfois trois occurrences ; une seule est traduite et présentée.

Le recueil **Φιλόγελως** (Philogelos, signifiant « Ami du Rire ») a été retrouvé dans un certain nombre de manuscrits dont aucun n'est antérieur au Xème siècle.
Les auteurs présumés en seraient deux grammairiens, Hiéroclès et Philagrios, ayant vécu au IIIème siècle de notre ère.

En fait, on ne sait quasiment rien sur eux, si ce n'est que leur recueil est postérieur à 248, car la blague 62 de l'athlète fait référence au millénaire de Rome, célébré cette année-là.
Par ailleurs, on en sait encore moins sur leur contribution à l'ouvrage, l'écriture conjointe de deux ou plusieurs auteurs étant quelque chose d'absolument inusité dans la littérature antique.

Certains commentateurs identifient Hiéroclès au philosophe d'Alexandrie, néoplatonicien ou néopythagoricien (sauf que ce dernier vécut au Vème siècle). Il fut notamment l'auteur de Commentaires sur les Vers d'Or de Pythagore. Mais cela demeure une hypothèse. La chose n'est pas confirmée par des spécialistes byzantins comme Fotios (*Bibliothèque 214, 251*) ni par le dictionnaire encyclopédique du Xème siècle, connu sous le nom de ***Souda*** ou ***Suida***.

Philagrios pose le même problème, malgré l'existence du sophiste homonyme, mentionné par Philostratos dans la *Vie des Sophistes*, 578, et de différentes personnalités dans la période entre 260 et 567, figurant avec ce nom dans *Prosopography of the Later Roman Empire (Cambridge, 1980)*.

La situation se complique davantage avec la référence de la Souda à un certain Philistion de Pruse (ou de Nicée), un écrivain comique de l'époque d'Auguste, auteur de « comédies biologiques », c'est-à-dire des mimes - genre du théâtre antique, présentant des sujets quotidiens de manière comique. La Souda précise également que ledit Philistion a aussi écrit un livre avec pour titre *Philogelos*. Il n'y a cependant aucun élément permettant de faire le lien entre celui-ci et notre ouvrage en question.

Selon Louis Robert, historien et archéologue spécialiste de la Grèce Antique, le fond du texte a été rédigé au IIIème siècle, en utilisant des éléments antérieurs, et avec des additions ou retouches postérieures (*L'Epigramme grec*, Genève 1968, p.289).
En outre, la langue, tout comme le ton général de nombreuses blagues, avec ses latinismes (ex: dinar, 86 ; utérus de truie, 103 ; centurion, 138), ainsi que des termes ecclésiastiques, nous renvoient à la langue familière grecque des premiers chroniqueurs byzantins.

Le contenu des blagues ne nous guide guère plus. La 76, se référant au temple de Sarapis à Alexandrie a dû être conçue avant la destruction du temple par les chrétiens en 391.

Peu de noms propres dans le texte, et aucun ne nous éclaire. Seul celui de Scribonia (73) nous permet de situer, en raison de son tombeau, à l'époque d'Auguste. Est aussi présent un certain Lollian (162), mais il est difficile de le rattacher au sophiste Ephésien homonyme du IIème siècle.
Hormis les villes dont les habitants sont mentionnés dans certaines blagues, l'œuvre n'est pas plus circonscrite dans une zone géographique déterminée, puisque nous avons des références à Rome, Athènes, Rhodes, la Sicile, Abdère, Cymé (ou Cumes), le Rhin, etc.

Indéterminé également, le contexte social du document. Le scolastique avec son pantalon (64) nous orienterait vers le IVème ou Vème siècle, quand les habits des Barbares furent à la mode tant à Rome qu'à Byzance. Il en est de même pour l'horoscope de l'astrologue (202), prévoyant des carrières successives au fils de son client – le classique *cursus honorum* de l'ère romaine. D'autres éléments nous dirigent vers des institutions plus classiques : les jeux athlétiques (144), le théâtre (226, 239), les combats de pugilistes (87, 216).
Cette imprécision s'intensifie par le fait que de nombreuses blagues peuvent être trouvées dans d'autres sources, souvent (148, 150, 263, 264) chez Plutarque. D'un autre côté, trois anecdotes (77, 78, 193) semblent provenir directement de Cicéron, ou Suétone ; s'il en est ainsi, leur présence dans *Philogelos* dénote une époque ou ceux qui parlaient grec connaissaient le latin et lisaient la littérature latine, ce qui décroît rapidement après le VIème siècle.

Pour situer le *Philogelos* dans la tradition littéraire à laquelle il appartient, il faut parler de ces vieux livres avec des blagues et autres anecdotes similaires. Le sujet est traité dans les

Saturnales de Macrobe (2.1.8-15). Macrobe, qui écrivit au IVème ou Vème siècle, l'équivalent latin des *Deipnosophistes* (le Banquet des Sophistes) d'Athénée (IIème ou IIIème s.) ; concentra des collections de blagues de Grecs, mais principalement de Romains. Le même souligne l'éminence pour leurs blagues de Plaute et de Cicéron.

L'humour apparaît tôt dans l'histoire de la littérature romaine. Plaute mentionne des collections de blagues dans deux de ses œuvres : *le Perse* (392-395) et *Stichus* (400). Tandis que Macrobe met l'accent sur les livres de Caton l'Ancien. Le dernier recueil de blague est sans doute celui de Mélissos, un précepteur d'Auguste, qui, selon Suétone, aurait réunit 150 tomes de blagues.

Du côté grec, le mythique Palamidès et Radamanthe étaient considérés comme inventeurs de la « blagologie ». Les recueils de blagues et anecdotes, qui se consacraient souvent à un seul personnage, étaient choses habituelles. Des références se trouvent chez Plutarque, Lucien, Athénée. Ce dernier immortalise ce qui devrait être la plus séduisante incarnation du *Philogelos*, le « Club des Comiques » dans l'Athènes de Démosthène. Il s'agissait d'une équipe de soixante hommes se rencontrant pour aiguiser leur humour dans le temple d'Hercule dans le dème de Diomées, dans les environs d'Athènes.
Le menu peuple les écoutait avec un intérêt particulier et les invoquait. Nous détenons six de leurs noms. Un de leur plus chaleureux amateurs était le roi de Macédoine Philippe II, qui leur fit remettre la somme énorme d'un talent[1] pour consigner

---

1   La valeur d'un talent correspondait à la masse d'eau contenue dans un pied cube. À l'époque historique, le système pondéral grec est le suivant : 1 talent vaut 60 mines ; 1 mine vaut 50 statères ou 100

leurs blagues et les lui faire parvenir.
C'est donc dans cette tradition que s'insère notre *Philogelos*, qui pourrait être caractérisé comme un recueil d'histoires drôles de niveau moyen.

Certaines blagues reviennent sous plusieurs versions différentes, signe qu'il s'agit bien d'un recueil tiré en grande partie de sources orales. De nombreux personnages sont moqués, dont :
- Les **scolastiques** (σχολαστικοί / skholastikoí) aussi dénommés *intellectuels, pédants* ou parfois *niais*, dont la formation uniquement livresque cache — mal — la stupidité mais grossit la prétention ;
- Les **avares** (φιλάργυροι / philárguroi) ;
- Les citoyens d'Abdère (Ἀβδηρῖται / Abdêrîtai) et de Cymé (Κυμαῖοι / Kumaîoi) ;
- Les *charlatans, incapables,* **incompétents** (ἀγύρτες / agúrtes) ;
- Les *femmes* (γυναῖκες / gunaîkes) ;
- Les **gens à la mauvaise haleine** (ὀζόστομοι / ozóstomoi) ;
- Les **eunuques** (εὐνοῦχοι / eunoúkhoi).

---

drachmes ; 1 statère vaut 2 drachmes ou 12 oboles ; 1 drachme vaut 6 oboles ou 1/2 statère ; 1 obole vaut 1/6 de drachme.

Le poids fort a pour base un talent de 60,552 kg ; il est devenu la règle du système *phocaïque*. Le poids faible, ou talent de 30,276 kg, est la base de la taille de la monnaie d'or appelée *dorique*. Mais il existe toutes sortes d'autres talents, variant suivant les époques et les villes, avant d'arriver au système *attique* ou *euboïque*, qui triompha presque universellement après avoir été adopté par Alexandre : le talent valant 26,160 kg, la mine 436 grammes, le statère 8,73 g, et donc la drachme 4,36 g.

AVIS DU TRADUCTEUR

A titre personnel, je déplore que certaines histoires soient consignées deux ou trois fois. Cela signifie qu'il n'y a pas eu de relecture de contrôle, et que la matière a été traitée de façon un peu légère.
Ne voulant pas reproduire ce défaut, je me suis borné à relever les redondances, signalant les variantes.
A préciser, au passage, que ce genre de blagues, un peu sèches parfois, tenant en une ligne ou deux, à la manière d'un pense-bête, ont fait florès. Elles s'apparentent ainsi à celles entendues dans ma jeunesse sur les Pontiques, ces habitants de l'Hellespont, dont les Athéniens surtout se font des gorges chaudes. Ou de nos blagues sur nos voisins Belges, etc. Chaque peuple ayant ses propres cons.

J'avoue avoir rencontré quelques difficultés à sa traduction, certaines notions ayant disparu d'une part, d'autre part les tournures idiomatiques font que ces blagues à étages ou double sens doivent être explicitées pour être comprises, ce qui les rend moins fraîches. Tout le monde sait qu'une blague perd de sa saveur lorsqu'il est besoin de la répéter ou de l'expliquer.

Dernier facteur qui saute aux yeux, lorsqu'on est en quelque sorte un spécialiste de Nasr Eddin Hodja – comme je prétends l'être -: beaucoup des anecdotes du *Philogelos* se retrouveronnt ultérieurement, tradition orale oblige, avec comme protagoniste notre sympathique personnage oriental.
C'est d'ailleurs ce qui le rend un peu universel, du moins dans le bassin méditerranéen (je rappelle en effet que Nasr Eddin est connu sous divers noms dans l'humour juif, mais aussi en Asie Mineure, en Russie, dans le Maghreb ; du côté septentrional de

la Mare Nostrum enfin : en Corse, en Italie et en Sicile en particulier, ainsi que dans toute la zone Balkanique, Grèce comprise).

Bien sûr, il ne figure pas, dans ce volume, pour des raisons évidentes : le personnage historique ne naîtra que quelques huit siècles plus tard, mais on le sent à l'affût derrières toutes ces anecdotes... Tout comme on le retrouve dans des fables, d'Esope à Babrios, d'Abstemio (XVIème siècle) à aujourd'hui.

C'est pour cette raison que je l'ai inséré dans la série des Nasr Eddin. Après un détour en nos temps modernes avec **Nasr Eddin en Anglophonie**, il y fera pendant à l'ouvrage **Nasr Eddin rencontre Diogène**.

Enfin, après avoir hésité sur le titre défintif, « Aux origines... » me paraissant un peu déplacé, vu que le personnage historique était Turc et que la tradition provient essentiellement du monde arabo-persan, j'ai opté pour un simple « **Avant Nasr Eddin** ».

Philogelos

1 : Un pédant[2] commanda à un argentier une lampe. Quand ce dernier lui demanda la taille voulue, l'intellectuel répondit : « Pour huit personnes environ ».

2 : Un pédant était allé nager dans la mer, et avait failli se noyer ; il s'est donc juré de ne plus entrer dans l'eau avant d'avoir bien appris à nager.

3 : C'est un pédant qui va consulter son médecin. Il lui dit :
« Docteur, quand je me lève le matin, pendant une demi-heure j'ai des étourdissements, et ce n'est que seulement après que j'y vois clair.
Le médecin lui répond :
--Tu n'as qu'à te lever une demi-heure plus tard. »

4 : A un scolastique vendant son cheval, on demanda s'il avait encore ses dents d'origine. Quand il répondit que non, il en était aux deuxièmes, on lui demanda :
« Comment le sais-tu ?
Et le niais de répondre :
– La première fois, il m'a jeté à bas, et la seconde, mon père [3] »

---

2   Tantôt appelé « scolastique », selon le texte originel, ou « intellectuel », « pédant » ou encore « niais », le personnage est censé être instruit, mais il revêt plutôt le sens de lettré naïf, mais également celui qui se prend pour quelqu'un.

3   I s'agit en fait d'un jeu de mots, difficilement traduisible : le mot « πρωτοβόλο » peut être interprété comme « ayant ses dents de lait »,

5 : Un homme rencontre un scolastique et lui dit :
« Monsieur l'intellectuel, je vous ai vu en rêve et je vous ai parlé.
-- Je suis navré, répond l'autre, j'étais occupé, je ne vous ai pas remarqué. »

6 : Un intellectuel, voyant son médecin arriver vers lui dans la rue, se mit en tête de l'éviter. A son ami qui lui en demandait la raison, il répondit :
« Cela fait longtemps que je ne suis pas tombé malade, et j'ai honte ».

7 : Le médecin avait fait interdiction à un intellectuel opéré des amygdales de parler. Aussi ce dernier donna-t-il ordre à son esclave de saluer pour son compte toute personne qui le saluerait. Ensuite, il expliquait lui-même à chacun :
« Ne vois pas comme insultant que mon esclave t'ait salué en mon nom. Le médecin m'a interdit de parler ».

8 : Un niais voulant capturer la souris qui lui grignotait continuellement ses livres, mordit dans un quartier de viande et s'assit dans le noir.

9 : Un pédant, voulant apprendre à son âne à ne pas manger, lui réduisit ses portions jusqu'à ne plus le nourrir du tout. Quand l'âne mourut de faim, il s'exclama : « Quelle perte je subis là ! Au moment où je lui ai enfin appris à ne plus manger, il meurt ! »

10 : A un scolastique vendant son cheval, on demanda s'il était peureux. Il répondit :
« Sur la vie de mon père, tout seul à l'écurie il était ».

---

mais aussi comme « ayant déjà livré combat ».

11 : Un niais voulant constater à quoi il ressemblait en dormant, s'assit face à son miroir, yeux hermétiquement fermés.

12 : C'est un pédant qui part en voyage. Un de ses amis lui demande de lui acheter deux jeunes esclaves, âgés chacun de quinze ans.
« D'accord, dit l'autre, et si je n'en trouve pas, je t'en achète un de trente. ».

13 : Deux intellectuels, fils ingrats, étaient remontés contre leurs pères.
« Etranglons-les, dit l'un.
-- On va nous traiter de parricides, répond l'autre.
– Eh bien ! Tu n'auras alors qu'à tuer le mien pendant que je liquide le tien ».

14 : Un scolastique ayant acheté une maison, ouvrit la fenêtre, se pencha à l'extérieur, et interrogea les passants si la maison lui convenait bien.

15 : C'est un intellectuel qui se met un bandage au pied après avoir fait un rêve dans lequel il marchait sur un clou. Un collègue lui demande pourquoi il porte un bandage et, en apprenant la raison, il s'écrie :
« Pas étonnant qu'on nous traite d'imbéciles ! Quelle idée, aussi, de dormir pieds nus ! »

16 : Un intellectuel cherchait depuis plusieurs jours son livre, et ne le retrouvait pas. Par hasard cependant, alors qu'il grignotait une laitue, il jeta un œil dans un coin et le découvrit. Plus tard, rencontrant un ami qui se lamentait d'avoir perdu un beau manteau :
« Ne t'inquiète plus, dit-il. Achète une laitue et jette un

œil dans les coins en la mangeant, tu le trouveras ».

17 : Un homme écrivit à un ami pédant parti en voyage de lui acheter certains livres. Mais le niais oublia la commission. De retour, il croisa son ami et lui dit :
« Tu sais, ta lettre où tu me demandais de t'acheter des livres ? Eh bien ! Je ne l'ai pas reçue ».

18 : Un homme achète un esclave, qui meurt peu après. Quand il va se plaindre auprès du marchand d'esclaves, celui-ci lui rétorque :
« Pourtant durant tout le temps où il m'appartenait, je vous assure qu'il ne lui est jamais arrivé de mourir ! »

19 : Un pédant vit plein de moineaux dans les branches d'un arbre. Il étala son manteau par terre et entreprit de secouer l'arbre pour en faire tomber les passereaux.

20 : Après un souper, deux niais s'accompagnèrent mutuellement chacun au domicile de l'autre, selon les critères de l'hospitalité. Ainsi, ils ne dormirent ni l'un ni l'autre.

21 : Un intellectuel tombait de sommeil. N'ayant toutefois pas d'oreiller, il ordonna à son esclave de lui mettre sous la tête une cruche en terre cuite. Quand l'esclave lui fit remarquer que cela serait trop dur, il lui ordonna de la remplir de duvet.

22 : Un intellectuel en rencontre un autre et lui dit :
« On m'a dit que tu étais mort.
– Puisque tu me vois bel et bien vivant ! rétorque l'autre.
– Certes, mais celui qui me l'a dit était bien plus digne de foi que tu ne l'es ! »

23 : Un niais se rendit aux bains à l'heure exacte de l'ouverture. N'y trouvant personne d'autre, il fit la réflexion à son esclave :
« A ce que je vois, on ne lave personne aux bains aujourd'hui ».

24 : Un intellectuel grondait son père en ces termes : « Méchant, ne vois-tu pas le dol que tu me causes ? Si tu n'étais pas né, j'héritais de mon grand-père ».

25 : Comme au cours d'une traversée une tempête s'était levée et que ses esclaves se lamentaient, le pédant leur dit :
« Ne gémissez pas, je vous ai tous affranchis par testament ».

26 : Un niais cherchait un endroit propice pour y édifier son tombeau. Certains lui indiquèrent une bonne place, mais celui-ci rétorqua qu'elle était malsaine pour lui.

27 : Un intellectuel, tombé malade, avait promis de payer le médecin s'il se rétablissait. Lorsque sa femme l'a harcelé pour avoir bu du vin alors qu'il avait de la fièvre, il a dit :
« Voulez-vous que je recouvre ma bonne santé et sois obligé de payer le médecin ? »

28 : Un chien mordit le pouce d'un pédant. Celui-ci remarqua : « Heureusement que ce n'était pas mon manteau, il me l'aurait déchiré ».

29 : Un des frères jumeaux mourut. Venu présenter ses condoléances, un scolastique demanda au survivant :
« Est-ce toi qui es mort, ou bien ton frère ? »

30 : Un pédant sur le point de faire naufrage demanda des tablettes pour y rédiger son testament.

31 : Un pédant voulant traverser un fleuve embarqua à cheval sur le bac. Comme quelqu'un lui demandait pourquoi il n'était pas descendu de cheval, il répondit : « Parce que je suis pressé ».

32 : On invita un scolastique à souper, mais celui-ci ne touchait pas à la nourriture. Un des invités l'interrogea alors :
« Pourquoi ne manges-tu donc pas ?
– Pour ne pas qu'on croie que je suis venu pour manger ».

33 : Le fils d'un intellectuel jouait au ballon, quand ce dernier tomba dans le puits. Il se pencha donc sur la margelle, vit son image dans le fond du puits, et lui demanda - en vain - le ballon. N'obtenant pas satisfaction, il alla trouver son père pour s'en plaindre. Le père donc se pencha à son tour vers l'eau et dit :
« Maître de céans, s'il-te-plaît, rends son ballon à mon fils ».

34 : Un intellectuel rendit visite à un de ses amis tombé malade, et le questionnait sur son mal. Mais, comme celui-ci ne lui faisait pas réponse, il s'encoléra et siffla entre ses dents :
« J'espère bien tomber moi aussi malade un jour et ne pas te répondre ».

35 : Un scolastique acheta un jour, et en connaissance de cause, sur le marché des vêtements volés. Pour ne pas qu'on les reconnaisse et lui en demande des comptes, il les enduisit de goudron.

36 : Un pédant évaluait à haute voix les vêtements des gens qu'il croisait. Quand son père l'apprit, il le tança d'importance ; celui-ci s'en défendit :
« Père, ce sont des calomnies. Sans doute même, ne te l'a-t-on pas dit ».
Alors son père lui rétorqua :
« Untel me l'a dit.
– Et toi, bien sûr, répondit le fils, tu attaches de l'importance aux paroles de quelqu'un dont le manteau ne vaut pas même cinquante drachmes ! »

37 : Un scolastique vendait son cheval. Quelqu'un l'approcha et lui demanda si ce dernier avait encore ses dents d'origine. Il lui répondit alors :
« Pourquoi demandes-tu à propos de ses dents ? Vu ce qu'il mange, qu'il marche de même ».

38 : Un pédant dont le père était gravement malade a demandé à ses amis d'apporter des couronnes pour l'enterrement. Mais le lendemain, la situation du malade s'était améliorée et les amis ont commencé à grogner.
« Je suis navré que vous ayez été lésés, dit le scolastique ; apportez-les tout de même demain, parce que je l'enterrerai quoi qu'il arrive ».

39 : Deux intellectuels cheminaient de conserve, quand une poule noire traversa le chemin devant leurs pas.
« Certainement que son coq est mort » commenta l'un d'eux.

40 : Un scolastique a perdu son tout jeune fils. Comme il était un puissant personnage, beaucoup de monde assista aux funérailles. Il dit alors :
« J'ai honte d'enterrer un si petit enfant devant tant de

monde ».

41 : Un intellectuel qui vendait sa maison, trimballait avec lui un moellon comme échantillon.

42. Blague incomplète ; voir au 139.

43 : Quand quelqu'un a dit à un intellectuel : « Ta barbe arrive maintenant» , il se dirigea vers l'entrée arrière et l'attendit. Un autre intellectuel a demandé ce qu'il faisait. Une fois qu'il a entendu toute l'histoire, il a déclaré :
« Je ne suis pas surpris que les gens disent que nous manquons de bon sens. Comment savez-vous qu'elle n'entre pas par l'autre porte ? »

44 : Un scolastique qui dormait avec son père, sortait du lit lea nuit pour manger des raisins de la treille au-dessus de leur tête. Le père avait cependant caché une lampe sous une marmite, et quand le fils s'est levé à nouveau pour manger les raisins, il alluma la lampe et l'éclaira. Le fils alors, debout comme il était, se mit à ronfler comme s'il était somnambule.

45 : Un intellectuel pendant la nuit a ravi sa grand-mère et pour cela a été battu par son père. Il se plaignit :
« Vous chevauchez ma mère depuis longtemps, sans subir aucune conséquence de ma part. Et maintenant vous êtes en colère parce que vous m'avez trouvé en train de baiser votre mère pour la première fois ! »

46 : Le fondé de pouvoir qui gérait les affaires d'un pédant lui dit que son champ avait été inondé par la rivière. Ce dernier se mit alors à bramer :
« L'eau viole nos droits ».

47 : Un scolastique se rendit au bout de quelque temps à sa propriété de campagne et constata que les brebis bêlaient – comme d'habitude – à l'heure de la sortie dans les pâturages. Il demanda donc au contremaître pourquoi elles faisaient ce bruit et lui, en manière de plaisanterie, lui dit :
« Elles te saluent.
– Pour la grâce de Dieu, émit le scolastique, donne à celles-là une permission de trois jours et ne les sors pas pâturer ».

48 : Un niais chaussa de nouveaux souliers. Comme ils grinçaient un peu, il hésita puis dit :
« Ne grincez pas, vous vous rompriez les membres »[4]

49 : Un enfant niais regarda la lune et fit :
« Papa, est-ce que les gens des autres cités ont une lune aussi grosse que la nôtre ? »

50 : Un pédant, prêteur de métier, ordonna à un nauclère[5] son débiteur de lui ramener un cercueil pour lui et deux d'enfants pour ses fils âgés de huit ans, cercueils à concurrence du montant dû.

51 : Un intellectuel visitant son domaine a demandé si l'eau d'un puits y était bonne à boire. On lui répondit que l'eau était excellente et que ses propres parents buvaient

---

4 Jeu de mots intraduisible où le terme signifie à la fois « membres » et « semelles ».

5 En Grèce antique, le *nauclère* est un propriétaire de navire marchand. Il transporte pour les vendre des marchandises qui lui appartiennent ou qu'un *emporos* (marchand) lui a demandé, contre rétribution, de transférer d'un port à un autre.

au puits. L'intellectuel était étonné :
« Combien était long leur cou, qu'ils pussent boire à quelque chose de si profond ! »

52 : Un niais tomba au milieu d'un lac et appelait sans cesse à l'aide, mais en vain. Personne ne semblait l'entendre. Il se dit alors :
« Faut-il que je sois idiot pour ne pas sortir les fouetter pour qu'ils m'accordent un peu d'attention et m'apportent une corde ».

53 : Un intellectuel dînait avec son père. Sur la table se trouvait une grosse laitue avec de nombreuses pousses succulentes. L'intellectuel suggéra :
« Père, mange les enfants ; je prendrai la mère. ».

54 : Un scolastique écrivit à son père à Athènes une lettre dans laquelle il se vantait de l'excellent enseignement qu'il avait reçu. Sur la fin, il ajouta :
« J'espère qu'il t'arrivera bientôt une affaire où ta vie sera en jeu, pour que j'aie l'occasion de te démontrer quel bon rhéteur je suis devenu ».

55 : Un intellectuel facétieux se trouvait dans une passe difficile et fut obligé de vendre ses livres pour vivre. Il écrivit alors une lettre à son père :
« Père, je mérite tes félicitations : mes livres me permettent déjà de gagner ma vie ! »

56 : C'est un intellectuel, un chauve et un coiffeur qui voyagent ensemble. Ils bivouaquent dans un endroit désert et décident de faire des tours de veille de quatre heures chacun pour surveiller leurs affaires. C'est au coiffeur que revient la première veille et, pour s'amuser, il

rase la tête de l'intellectuel dans son sommeil ; puis il le réveille, une fois son quart terminé. L'intellectuel, en se réveillant, va pour se gratter la tête et s'aperçoit qu'il n'a plus un cheveu.
« Ah ! s'écrie-t-il, ce maudit coiffeur s'est trompé : au lieu de me réveiller, il a réveillé le chauve. »

57 : Un intellectuel a mis une esclave enceinte. À la naissance, son père a suggéré que l'enfant soit tué. L'intellectuel a répondu :
« Commencez par assassiner vos propres enfants, puis dites-moi après seulement de tuer le mien ».

58 : Un pédant s'en fut aux bains. L'esclave qui apportait l'eau lui versa de l'eau chaude sur les pieds. Il s'exclama alors :
« Canaille, tu verses de l'eau chaude sur un homme gelé ? »

59 : Un niais entendit un de ses amis affirmer qu'il avait mangé une poule bien nourrie et mûre à point. Il se rendit chez un éleveur de volailles et lui demanda :
« Egorge-moi une poule mûre à point, s'il te plaît ».

60 : Un niais était propriétaire d'une ferme assez éloignée de la ville. Pour abolir un peu la distance, il réduisit d'environ 7 milles les indicateurs milliaires.

61 : Un maître scolastique regarda l'angle de la classe et s'exclama :
« Denis fait des bêtises, au coin ».
Un des jeunes élèves l'informa que Denis n'était pas encore arrivé. A quoi le maître répondit :
« Il en fera, aussitôt qu'arrivé ».

62 : C'est un intellectuel qui assiste à la fête célébrant le millénaire de Rome. Apercevant un athlète en train de pleurer, il lui dit, pour le consoler :
« Ne t'en fais pas ! Au prochain jubilé du millénaire, c'est toi qui gagneras. »

63 : C'est un intellectuel qui est l'assistant d'un gouverneur, borgne de l'œil droit. Comme le gouverneur passe dans une vigne et loue la beauté des plants qui se trouvent sur sa gauche, l'intellectuel lui dit :
« Au retour, vous verrez, l'autre côté vous plaira aussi ! »

64 : Un intellectuel a acheté une sorte de pantalon. Mais il pouvait à peine l'enfiler car il était trop serré. Alors il s'est rasé les poils des jambes.

65 : Un niais faisait ses adieux à son fils partant à la guerre. Le fils promis qu'il reviendrait avec la tête d'un ennemi. Le père précisa alors :
« Je serai ravi de te revoir, même sans tête ».

66 : C'est un intellectuel qui voit sur une rivière une barque pleine de blé, et affaissée sous le poids.
« Si le niveau de la rivière monte encore un peu, dit-il, la barque va être submergée ».

67 : C'est un intellectuel qui rencontre son beau-père de retour d'un voyage. Ce dernier lui demande des nouvelles de son meilleur ami.
« En ce moment, il est d'excellente humeur, car il vient d'enterrer son beau-père ».

68 : Un avocat scolastique avait écrit un discours de défense en faveur de son client, et le lut en public. Son

client lui dit alors qu'il était déplacé de révéler à la partie adverse les arguments de défense. Et l'avocat de s'écrier :
« Canaille, parce que tu crois que je dis quelque chose d'important ? »

69 : Un pédant a rencontré les parents d'un camarade de classe décédé. Le père pleurait : "O fils, tu m'as détruit !" La mère pleurait : "O fils, tu as pris la lumière de mes yeux !" Plus tard, le niais suggéra à ses amis :
« S'il était coupable de tout cela, il aurait dû être incinéré de son vivant ».

70 : Un intellectuel est venu voir un ami gravement malade. Quand la femme de l'homme en question a dit qu'il était "parti", l'intellectuel a répondu :
« Quand il reviendra, lui direz-vous que je suis passé ? »

71 : Un niais pris des mesures pour des vêtements qu'il comptait acheter. Il chercha ensuite à savoir quelle était le longueur, et quelle la largeur.

72 : Un intellectuel avait assisté à une réception de mariage. En partant, il a dit :
« Je prie pour que vous continuiez à faire d'aussi beaux mariages ».

73. :Le même intellectuel a dit que le tombeau de Scribonia[6] était beau et somptueux, mais qu'il avait été construit sur un site insalubre.

74 : Quelqu'un approcha un scolastique qui avait un cheval en mauvaise posture, et lui dit :

---

6   Scribonia ou Scribonie (vers 63 av. JC.- 16 ap. JC) est une femme romaine, épouse de l'Empereur Auguste, et la mère de Julie l'Aînée.

« Ton cheval regarde du côté d'Hadès.
– Moi aussi, répondit-il ».

75 : Un niais, malade et alité, commençait à avoir grand-faim. Très soupçonneux, pensant que l'heure du repas n'arriverait jamais, il demanda qu'on lui apporte un cadran solaire.

76 : A l'intellectuel venu au temple de Sarapis[7], le prêtre tendit une branche en disant :
« Que le Seigneur ait pitié de toi ».
A quoi l'intellectuel rétorqua :
– Qu'il prenne pitié de toi plutôt. Parce que je suis un homme libre ».

77 : Un niais a enterré son fils. Plus tard, croisant le maître d'école de son fils, il s'excusa :
« Pardon, mon fils n'est pas venu à l'école ces jours-ci. C'est qu'il vient de mourir, voyez-vous ».

78 : Un niais ayant pris possession à Corinthe de tableaux portant d'antiques peintures, après les avoir embarquées sur un navire dit aux nauclères :
« Si vous les perdez, je vous en réclamerai de nouveaux ».

79 : Un échanson offrit à un scolastique une coupe

---

[7] Sarapis ou Sérapis est une divinité gréco-égyptienne syncrétique introduite à l'époque hellénistique par Ptolémée Ier, premier souverain de la dynastie lagide, afin de se faire accepter par le monde égyptien. Sarapis rassemble des traits d'Hadès, du dieu-taureau Apis et d'Osiris. Aux côtés d'Isis, il devient au IIe siècle de notre ère, l'une des divinités les plus vénérées du panthéon égyptien. Son culte s'étend alors à l'ensemble du bassin méditerranéen. Le temple de Sarapis d'Alexandrie fut détruit par les chrétiens en 391.

brûlante[8]. Le scolastique la posa sur la table en disant : « Laisse-la jusqu'à ce qu'arrive ton supérieur et qu'il la trouve bouillante ».

80 : Un pédant faisait une traversée quand le navire fut en grand danger du fait de la tempête. Ses compagnons de voyage jetaient par dessus bord leurs bagages pour alléger le navire et l'exhortaient à en faire autant. Comme il avait un chirographe[9] de 150 myriades (de pièces), il en effaça 50 et dit :
« Voyez de combien de biens j'ai soulagé le navire ».

81 : Un niais, comme ses compagnons de navigation, ballottés dans un navire par la tempête, poussaient des gémissements :
« Quoi donc, leur dit-il, vous êtes de petits esprits ! pour moi j'ai payé dix drachmes attiques de plus et je navigue au péril du capitaine ».

---

8   On servait de l'eau chaude pour mélanger avec le vin à table.

9   En diplomatique, le chirographe (ou charte-partie) est un acte établi en au moins deux exemplaires sur une même feuille de parchemin. Les deux textes identiques sont séparés par une ligne de grands caractères appelée devise (la « devise [divisa] chirographique »). Le parchemin est ensuite découpé en ligne droite ou en dents de scie au milieu de la devise, en général le mot ou partie du mot CHIROGRAPHUM ou CHIROGRAPHE auquel le document doit son nom. Mais il peut s'agir d'un mot, d'une suite de mots quelconques ou d'une suite de lettres isolées. Le chirographe apporte à un acte privé une sûreté accrue par rapport aux seules garanties testimoniales ou à l'apposition d'un sceau. L'avantage lorsqu'il s'agit de passer un contrat est en effet double : chacune des deux parties peut disposer d'un exemplaire de l'acte ; et le rapprochement des deux exemplaires, qui seul permet la lecture de la phrase centrale, garantit sans discussion possible leur authenticité.

82 : Au cours d'une bataille, les assiégés jetèrent sur la tête de l'intellectuel grimpant le mur pour pénétrer la cité une marmite de déjections. Et l'intellectuel de gueuler à l'ennemi :
« Tu ne peux pas guerroyer proprement ? »

83 : Un niais, comme un bateau s'était échoué sur la rive du Rhin, descendit sous le pont avec l'espoir de le soulever ; il ne se rendait pas compte qu'en s'appuyant avec force sur ses pieds il avait toutes les chances d'enfoncer le navire encore plus.

84 : Le même dit aux soldats :
« Demain nous avons beaucoup de route à parcourir. Profitez-en donc pour vous reposer aujourd'hui doublement ou triplement ».

85 : Un niais qui venait d'emménager dans une nouvelle maison, après avoir bien nettoyé devant sa porte, inscrivit sur un panonceau :
« Qui jettera ici du fumier le perdra ».

86 : Le père voulait rosser son fils qui venait de perdre un dinar.
« Ne te mets pas ainsi en colère, lui dit le niais, demain je te rapporterai un nouveau dinar acheté avec mes économies ».

87 : Un niais jouait avec l'équipement d'un hoplite trouvé à la maison. On l'avertit que son père rentrait à l'instant. Pour ne pas être surpris, il posa donc le bouclier et se mit à dénouer ses jambières. Mais son père entra avant qu'il eut le temps de se débarrasser de tout son armement ; il se précipita donc sur un livre, et fit semblant d'être

absorbé en pleine lecture, le casque cimier encore sur la tête.

88 : Un scolastique, de retour chez lui au bout d'un long voyage, grimpait un raidillon et soliloquait :
« La dernière fois que je suis passé par ici, c'était une descente. Comment est-ce que ça a changé si vite pour se transformer en montée ? »

89 : Au cours d'une traversée, un pédant demanda au capitaine quelle heure il était. Celui-ci répondit qu'il l'ignorait. Il lui demanda alors depuis combien de temps il commandait ce navire. Ce dernier ayant répondu depuis trois ans, il lui dit :
« Comment donc, j'ai acheté une maison il y a six mois et quand le soleil vient dans ma cour j'en déduis l'heure, et toi, tu es incapable de la déterminer d'après ce navire depuis le temps que tu le commandes ? »

90 : Un professeur scolastique réputé pour ses oraisons funèbres, écrivit un jour une oraison pour une personne vivante. L'autre le convoqua et lui fit reproche. Le professeur s'expliqua :
« Vous ne me dites pas vous-même quand est-ce que vous comptez décéder ; vous voulez donc que j'improvise pour me ridiculiser ? »

91 : Un intellectuel avait convié ses camarades élèves à un souper. Ceux-ci lui firent compliment de la hure de porc qu'il leur avait offerte, et lui demandèrent de les réinviter le lendemain. Notre scolastique va donc chez le boucher, et lui dit :
« Donne-moi une autre hure de cet excellent cochon que tu m'as vendu hier, car il nous a beaucoup plu ! ».

92 : Un niais demanda à son père :
« Combien peut contenir une cruche de 5 *cotyles* [10]? »

93 : Un niais apprit qu'une échelle comportait vingt barreaux à franchir pour monter. Il demanda alors combien elle en avait pour descendre.

94 : Un pédant discutait avec certains de dyspepsie, et affirmait n'avoir jamais eu ce genre de problème. Ses interlocuteurs incrédules lui demandèrent aussitôt :
« N'as-tu donc jamais roté sur quelque chose d'amer ou d'écœurant ?
– Ah ça, répondit-il. Cela m'arrive tous les jours ».

95 : Un niais eut un fils. Quand on lui demanda le nom qu'il comptait lui donner, il répondit :
« Il prendra mon nom et moi je me débrouillerai sans nom ».

96 : Lors d'une bataille, deux niais couards se cachèrent, l'un au fond d'un puits, et l'autre dans un endroit plein de roseaux. Les vainqueurs firent descendre dans le puits un casque afin d'en tirer un peu d'eau. Mais celui qui y était caché crut que c'était un soldat et commença à gémir et se plaindre. Les soldats l'attrapèrent et lui promirent la vie sauve s'il se taisait. A ce moment, l'autre s'exclama depuis ses roseaux :
« Hé ! Laissez-moi moi aussi, parce que je me tais ».

97 : À la mort de sa femme, un intellectuel était à la recherche d'un cercueil et s'est battu pour le prix. Quand le vendeur a juré qu'il ne pouvait pas le vendre pour moins de cinquante mille, l'intellectuel a dit :

---
10 Ancienne contenance équivalent à 0,274 litre.

« Puisque vous êtes sous serment, voici les cinquante mille. Mais ajoutez-y gratuitement un petit cercueil, au cas où j'en aurais besoin pour mon fils ».

98 : Un ami a rencontré un intellectuel et a dit :
« Félicitations ! Vous avez un petit garçon !
L'intellectuel a répondu :
--Grâce à des copains comme vous ! »

99 : Quelqu'un à un niais :
« Prête-moi un pardessus jusqu'au champ.
Et lui de répondre :
– Jusqu'à la cheville, j'ai. Mais pas jusqu'au champ ».

100 : Un scolastique voyageait en voiture. Mais comme les mules étaient fatiguées et ne pouvaient plus avancer, le cocher les a détachées pour qu'elles se reposent un peu. Cependant, aussitôt libérées, elles s'enfuirent. Le scolastique de tancer alors le cocher :
« Incapable, ce n'étaient pas les mules qui ne pouvaient plus avancer, mais la voiture ».

101 : Voyant des jumeaux qu'admiraient des gens, un niais s'approcha et dit :
« Celui-ci ne ressemble pas autant à celui-là, que celui-là à celui-ci ».

102 : Un de ses amis dit à un intellectuel :
« Dimée, je t'ai vu avant-hier dans mon sommeil.
Et l'autre de rectifier aussi sec :
– Tu mens, parce qu'avant-hier j'étais à mon champ ».

103 : Un pédant discutait avec deux de ses amis. Le premier affirmait qu'il était injuste d'abattre les brebis,

parce qu'elles fournissaient lait et laine. Le second soutenait qu'il était tout aussi injuste d'abattre les vaches parce qu'elles donnaient du lait, mais aidaient aussi au labourage. Notre pédant surenchérit qu'il était également injuste d'abattre les truies, parce qu'elles nous donnaient du foie, des mamelles, ainsi que leur utérus[11].

104 : Un avare a rédigé son testament, et s'est désigné pour seul héritier.

105 : Quelqu'un demanda à un avare pourquoi il ne mangeait rien d'autre que des olives. Il s'attira cette réponse :
« Parce que j'en mange la chair à l'extérieur, les noyaux me servent de combustible ; et quand j'ai terminé de manger, je m'essuie mes doigts huileux dans les cheveux, et évite ainsi de me rendre aux bains ».

106 : Un pauvre escroc trompait sa petite amie, lui laissant penser qu'il était riche et de naissance noble. Une fois, alors qu'il recevait un repas chez le voisin, il l'a soudainement vue. Il se retourna et dit :
« Faites envoyer ici l'habit de mon repas ».

107 : Il y avait un autre homme, tout comme le dernier - mais très appauvri. Le hasard voulut qu'il tomba malade et sa petite amie, venue chez lui sans prévenir, l'a trouvé allongé sur un humble tapis fait de roseaux. Rougissant, il accusa les médecins d'être responsables :

---

11 Les Romains avaient une prédilection pour la viande de porc et notamment pour... la vulve de truie farcie qui était considérée comme l'un des mets les plus raffinés qui soient. Apicius nous a donné de nombreuses recettes dans son livre « De Re Coquinaria ». Il faut croire que les Grecs en préféraient l'utérus.

« Les meilleurs et les plus célèbres médecins de la ville m'ont ordonné de dormir sur une natte comme celle-ci ».

108 : Un homme arrogant, croisant sur l'Agora son esclave, de retour juste des champs, l'interrogea :
« Que font les brebis ?
Et l'autre de lui répondre :
– L'une s'est levée, l'autre dormait encore ».

109 : C'est un imbécile qui est en procès. Il entend dire qu'aux Enfers les tribunaux rendent des arrêts justes... et, du coup, il se pend.

110 : Abdère était une ville partagée en deux. La moitié des habitants demeuraient dans sa partie Est, tandis que l'autre dans la partie occidentale. Des ennemis investirent la cité un jour et tous furent effrayés. Mais les gens de la partie orientale se rassurèrent en disant :
« Inutile de s'inquiéter, l'ennemi entre par les portes Ouest seulement ».

111 : A Abdère, un âne s'échappa et entra dans le gymnase, renversant au passage la jarre d'huile avec laquelle les athlètes s'enduisaient le corps. Les habitants se réunirent en assemblée et décidèrent de convoquer tous les ânes de la ville. Pour s'assurer que pareille mésaventure ne surviendrait plus, ils groupèrent tous les ânes en un endroit, et là, devant tous ses frères, ils fouettèrent l'âne coupable.

112 : Un Abdéritain voulait se pendre. Mais la corde rompit, et sa tête heurta violemment le sol. Il s'en fut donc chez le médecin, fit soigner sa plaie et, de retour, se pendit pour de bon cette fois.

113 : Un Abdéritain vit un esclave qui souffrait d'hydropisie sortir du bain, et il l'interpella en ces termes :
« Tu dois être celui qui fait baisser le niveau de l'eau. Rends donc ce que tu as absorbé ».

114. Un Abdéritain[12] a vu un eunuque et lui a demandé combien d'enfants il avait. Quand ce dernier lui dit qu'il n'avait pas de testicules pour pouvoir avoir des enfants, Abderitain lui a demandé quand il en aurait....

115 : Un Abdéritain voyant un eunuque parler avec une femme, lui a demandé si elle était sa femme. Lorsqu'il a répondu que les eunuques ne pouvaient pas avoir de femme, l'Abdéritain a demandé :
« Alors, c'est certainement ta fille ?»

116 : Un Abdéritain qui était un eunuque a eu le malheur de souffrir d'hydropisie.
252 : Un eunuque malchanceux a développé une hernie.

117 : Un Abdéritain partageait un matelas avec un homme qui souffrait d'hydropisie. Dans la nuit, il s'est levé pour se soulager. Quand il est revenu, il a accidentellement (car il faisait encore noir) marché directement sur l'endroit de la hernie. Quand l'homme poussa un hurlement, l'Abdéritain demanda :
« Pourquoi donc dors-tu avec la tête en bas ? »

---

12 Abdère (en grec ancien Ἄβδηρα / Ábdēra) est une cité grecque de la Thrace antique, située près de l'embouchure du fleuve Nestos, en face de l'île de Thasos. Fondée en 656–654 avant notre ère, elle a été renommée Polystylon (Πολύστυλον / Polístilon : « aux nombreuses colonnes ») au IXe siècle, à l'époque byzantine, avant d'être abandonnée sous l'ère ottomane à cause de l'envasement du port.

118 : C'est un Abdéritain qui se promène et aperçoit un homme atteint d'hydrocèle en train de pisser.
« Celui-là, s'écrie-t-il, il a de quoi pisser au moins jusqu'au soir ! »

119 : Un Abdéritain voyant un hydropique sortir du bain et marcher avec difficulté, lui demanda :
« Pourquoi as-tu absorbé tant d'eau que tu n'as pas le cran de trimballer ? »

120 : Un Abdéritain ayant entendu dire que les oignons et les bulbes donnaient des vents, comme, au cours d'un voyage par mer, un grand calme s'était établi, suspendit à l'arrière du navire un sac qui en était plein.

121 : Un Abdéritain voyant un coureur de fond crucifié, s'exclama :
« Par les Dieux ! Celui-ci ne court plus désormais, il vole ».

122 : Un Abdéritain vendait un bassin qui n'avait plus d'oreilles (anses). A quelqu'un qui lui demanda pourquoi il l'avait amputée de ces oreilles, il rétorqua :
« Pour qu'elle n'entende pas que je la vends et s'enfuie ».

123 : Un Abdéritain a suivi la coutume et incinéré son père mort. Il a couru à la maison et a dit à sa mère malade :
« Il reste encore quelques bûches. Si tu veux arrêter de souffrir, profite qu'on t'incinère toi aussi ».

124 : Un Abdéritain rêva qu'il vendait un cochon de lait

pour cent dinars[13]. Quelqu'un lui en offrait cinquante et, ne voulant pas les accepter, il s'éveilla. Refermant aussitôt les yeux, il tendit la main et fit :
« Allez ! Topons-là à cinquante ».

125 : Un Abdéritain avait un petit oiseau, qui malheureusement mourut. Quelque temps plus tard, apercevant une autruche, il s'exclama :
« Si mon oiseau avait vécu, il serait aussi grand maintenant ».

126 : Un Abdéritain fit un voyage à Rhodes, et reniflait les murs pour voir s'ils sentaient effectivement la rose, comme l'indiquait le nom de la ville.

127 : Un Abdéritain devait un ânon et, comme il n'en avait pas, il demanda à échanger contre deux mulets.

128. identique à la blague 100, mais avec un habitant de Sidon[14].

129. identique à la 103, mais avec un habitant de Sidon.

---

13 Le mot dinar dérive du latin dēnārius (« qui contient dix »). Il s'agissait en fait à l'origine d'une ancienne monnaie romaine en argent, le denarius (denarii au pluriel, la pièce étant équivalente à dix as). Ce fut longtemps une pièce en argent métal, son poids allant de 4 g à l'origine sous la République romaine, pour finir au fil des siècles, à 1 g, en billon, puis en cuivre. Sous l'empereur Auguste, son pouvoir d'achat était important. On aura reconnu l'ancêtre du denier.

14 Sidon ou Saïda en arabe (en phénicien Sydwn ou Saidoon ; en grec ancien : Σιδών / Sidṓn) est une ville du Liban. Elle fut dans l'Antiquité la capitale incontestée de la Phénicie. Ses habitants étaient, tout comme les Thraces, considérés comme des Barbares.

130. identique à la 23, mais avec un habitant de Sidon.

131. identique à la 60, mais avec un habitant de Sidon.

132 : Un colporteur Sidonien voyageait avec un autre. Mais son ventre le contraignit à se soulager, aussi demeura-t-il quelque temps un peu en arrière. Son compagnon de voyage lui laissa un message sur la borne milliaire :
« Accélère ton pas pour me rattraper ».
Et le Sidonien, après lecture, d'ajouter en-dessous :
« Et toi, attends-moi ».

133 : A celui qui s'enquit s'il y avait des crabes dans le sac qu'il portait, un pêcheur sidonien, répondit, en colère :
« Et toi, as-tu un cancer dans ton sein ? »[15]

134. identique à la 84, mais avec un habitant de Sidon.

135 : On demanda à un marchand de cierges sidonien :
« As-tu des allumettes ?
Et lui de répondre, furieux :
– Et toi, as-tu du charbon ? »[16]

136 : Un grammairien sidonien interrogea un instituteur :
« Combien une urne de cinq cotyles peut-elle contenir ?
Et ce dernier de répondre :

---

[15] Jeu de mots sur le terme καρκίνος (cancer en latin), signifiant à la fois le crabe et la tumeur maligne.

[16] Encore un jeu de mots périlleux car idiomatique, faisant un parallèle entre allumettes/pustules et charbon/anthrax.

– Tu entends de vin ou d'huile ? ».

137 : On demanda à un cuisinier sidonien :
« Prête-moi un couteau jusqu'à Smyrne .
A quoi il répondit :
– Je n'ai pas de couteau aussi long »[17].

138 : Un centurion sidonien vit un cocher conduire son char à bœuf par l'agora, et ordonna qu'on le fouette. Le cocher fit remarquer :
« Je suis citoyen Romain et conformément à la loi, vous n'avez pas le droit de me frapper ».
Le centurion fit alors fouetter les bœufs.

139 : Un médecin sidonien hérita de mille drachmes, selon la volonté d'un de ses anciens patients décédé. Il suivit donc les funérailles, se plaignant d'un aussi maigre héritage. Plus tard, le fils du défunt étant tombé malade à son tour, pria le médecin de venir le visiter et le guérir. Celui-ci lui mit le marché en main :
« Si tu me laisses un héritage de cinq mille drachmes, je te guérirai comme ton père ».

140 : Un plaisantin, voyant un instituteur incompétent, lui demanda pourquoi il n'enseignait pas à jouer de la lyre. L'enseignant répondit :
« Parce que je ne sais pas.
Et le plaisantin de relever :
– Et comment fais-tu donc pour enseigner les lettres, puisque tu ne sais pas (non plus) ? »

141 : Un timonier facétieux, interrogé sur les origines des vents, donna cette explication :

---
17 Voir blague 99 au sujet d'un manteau.

« Les fèves et les oignons ».[18]

142 : C'est un médecin qui soigne un homme spirituel qui souffre des yeux : tout en lui mettant de la pommade sur les yeux, il lui vole une lampe. Un beau jour, le médecin lui demande :
« Comment vont vos yeux ?
-- Depuis que vous m'avez traité, répond l'homme, je ne vois plus la lampe... »

143 : Un homme dit à un médecin facétieux :
« J'ai beaucoup d'ulcères pernicieux.
Et l'homme de l'art de lui répondre :
– Si tu acquiers une marmite de cuivre, tu ne manqueras jamais d'eau chaude ».[19]

144 : Un farceur, voyant un coureur de fond très en arrière du peloton, émit son avis :
« Je sais de quoi a besoin cet homme.
– Et quoi donc ?
– D'un cheval. Sinon il ne rejoindra jamais les autres coureurs ».

145 : Lorsqu'un farceur qui était petit commerçant a trouvé un policier en train de baiser sa femme, il a dit :
« J'ai trouvé quelque chose que je ne cherchais pas ».

146 : Un farceur vola un jeune pourceau et fuit loin. Quant on le rattrapa, il posa à terre le porcelet et, le frappant, lui intima :

---

18 Voir blague 120.

19 Encore un jeu de mot tournant autour de „άνθρακες", signifiant à la fois charbon et ulcères.

« Toi creuse, et pas de mon côté ».

147 : « Salut, le coq ! » lança un facétieux au joueur de lyre maladroit et dissonant. Ce dernier lui demanda la raison de cette réflexion, et notre farceur de répondre : « Parce que, quand tu commences à chanter, tout le monde se lève de sa couche ».

148 : Un facétieux se rend chez son coiffeur, qui est très bavard.
« Comment couperons-nous les cheveux aujourd'hui ? Lui demande le coiffeur.
– En silence » lui répondit le client.

149 : Un farceur s'est querellé avec un usager des bains, et a appelé comme témoins ceux qui versaient l'eau. Au procès cependant, la partie adverse récusa les témoins car selon elle, ils n'était pas dignes de foi. Le farceur répondit :
« Si j'avais été dans le Cheval de Troie et qu'on m'eût mal parlé, j'aurais amené comme témoins les camarades de Ménélaos, Ulysse et Diomède. Mais comme la querelle s'est déroulée aux bains, j'utilise comme témoins ceux qui versent l'eau, parce qu'ils sont parfaitement au courant de ce qui s'est passé ».

150 : Aux bains, deux hommes demandèrent des racloirs[20] à un facétieux. L'un d'eux lui était inconnu, tandis que l'autre était un voleur notoire. Et le facétieux de répondre :
« A toi que je connais, je n'en donnerai pas. Et à toi que je ne connais pas, je n'en donnerai pas plus ».

---

20 Ces racloirs permettaient aux athlètes d'ôter de leur épiderme l'huile et la poussière avant de prendre leur bain.

151 : Quand un farceur a vu un souteneur louer les services d'une prostituée noire, il a dit :
« Quel est votre tarif pour la nuit ? »

152 : Un farceur vit un médecin enduire de baume l'œil d'une jeune fille, cette remarque lui échappa :
« Fais attention, jeune homme, en guérissant l'œil de ne pas abîmer la prunelle [21] ».

153. identique à la blague 13.

154 : Un lutteur facétieux tomba dans la boue et, pour ne pas montrer qu'il n'y connaissait rien en matière de lutte, roula sur lui-même, s'enduisit entièrement de boue, avant de se lever tout fiérot.

155 : Pendant la procession funèbre d'une importante personnalité de Cymé[22], quelqu'un s'approche et demande aux gens suivant le convoi qui est le mort. Un Cyméen se retourne alors et dit, en faisant un geste de la main :
« C'est lui, là, dans le cercueil. »

156. identique à la blague 4, mais avec un Cyméen.

---

21 Jeu de mot basé sur le mot « κόρη », qui signifie à la fois « jeune fille « et « prunelle de l'œil ». Blague également attribuée à Diogène.

22 Cymé (grec ancien : Κύμη / Kumê) ou Cumes était une cité grecque d'Ionie (Asie mineure), sur la côte de l'Éolide, à 40 km au nord de Smyrne. Son site se trouve actuellement sur le territoire de la ville turque d'Aliağa, plus précisément entre cette ville et les installations portuaires de Nemrut Limani. La proximité des cités éoliennes de Myrina, de Gryneion et de Phocée, entre autres, atteste de l'ancienne prospérité de la région.

157. identique à la 41, mais avec un Cyméen.

158. identique à la 10, mais avec un Cyméen.

159. identique à la 35, mais avec un Cyméen.

160 : Un Cyméen a construit une immense aire de battage et a posté sa femme à l'extrémité opposée. Il lui a demandé si elle pouvait le voir. Quand elle a répondu que c'était difficile pour elle de le voir, il a lancé :
« Le moment viendra où je construirai une aire de battage si grande que je ne pourrai pas vous voir et vous ne pourrez plus me voir non plus ».

161 : C'est un Cyméen qui va voir un de ses amis. Une fois devant sa maison, il appelle son ami par son nom. Un voisin lui dit :
« Crie plus fort, si tu veux qu'il t'entende. »
Il laisse alors de côté le nom de son ami et crie :
« Ohé ! Plusfort ! ».

162 : Un Cyméen pénétra par effraction dans la maison d'un créancier et voulant dérober les plus grandes reconnaissances de dette, emporta les dossiers les plus volumineux et lourds.

163 : Quand les citoyens de Cymé construisirent un mur autour de leur ville, l'un d'eux, dénommé Lollian, bâtit deux fortifications à ses frais. Indisposés par ce fait, les autres Cyméens décidèrent, lorsque les ennemis attaquèrent, de ne pas contribuer à défendre le mur de Lollian.

164 : Des Cyméens attendaient impatiemment un ami

distingué. Ils voulaient l'honorer en lui offrant un bain avec de l'eau propre et limpide. Mais ils ne disposaient que d'un seul réservoir. Ils l'emplirent donc d'eau pure et, pour éviter de la souiller, mirent en son milieu un grillage pour en conserver la moitié propre pour leur ami.

165 : Tandis qu'un Cyméen nageait dans la mer, il commença à pleuvoir. Pour éviter de se mouiller, il fit un long plongeon.

166 : Un Cyméen achetait des fenêtres, et questionna le professionnel si elles pouvaient donner vers le Sud.

167 : Un Cyméen sur un âne cheminait le long d'un jardin. A un moment, il aperçut une branche pleine de figues mûres. Il talonna donc l'âne et s'agrippa à la branche. Mais l'âne continua d'avancer, et lui demeura suspendu. Quand le jardinier lui demanda ce qu'il faisait là, il répondit :
« Je suis tombé de mon âne ».

168 : Un Cyméen, voyant une brebis ligotée pour la tondre, se fit cette réflexion :
« Je remercie mon coiffeur de ne jamais m'avoir entravé pour me couper les cheveux ».

169 : Un Cyméen, dont le père était en voyage à l'étranger, commit un crime terrible, et fut condamné à mort. En sortant du tribunal, il implora tout le monde de n'en rien dire à son père, car s'il venait à l'apprendre, il le fouetterait à mort à son retour.

170 : Peu auparavant, le même, lorsque quelqu'un l'accusa de vol, jura :

« Que je ne revienne jamais d'"où je me serai réfugié, si je t'ai volé ».

171 : Un passant demanda à un Cyméen où demeurait le rhéteur Dracontide.
« Vois, lui dit ce dernier, je n'ai pas d'employé. Reste donc à me garder le magasin, et pendant ce temps, j'irai te montrer où habite Dracontide » .

172 : Le père d'un Cyméen venait de décéder à Alexandrie. Le fils confia la dépouille à des embaumeurs. Quand il vint pour récupérer le corps, l'embaumeur qui en avait de nombreux autres en cours, lui demanda quel signe distinctif présentait la dépouille. Et lui :
« Il toussait ».

173 : Un Cyméen considéra un pugiliste plein de cicatrices et lui demanda comment il s'était fait ça. Ce dernier lui répondit :
« C'est la fourmi[23] qui m'a fait ça.
Et lui de relever :
– Et pourquoi aussi dors-tu donc par terre ? »

174 : Un Cyméen vendait du miel. Un client se présenta, y goûta, et le trouva excellent. Le Cyméen confirma :
« Effectivement, si un rat n'y était pas tombé, je ne le vendrais pas ».

175 : Un Cyméen était tombé gravement malade ; le médecin ne lui laissait aucun espoir. Mais il recouvra, et rapidement en plus. A chaque fois qu'il vit par la suite, il fit tout pour l'éviter.

---

23 Jeu de mot autour de « μύρμηξ », qui veut dire « fourmi », mais aussi « gant de boxe ».

« Pourquoi me fuis-tu ? Lui demanda le médecin.
– Parce que j'ai honte. Tu m'as dit que j'allais mourir, et je t'ai fait mentir ! ».

176 : Un médecin cyméen avait un patient souffrant de fièvre tierce. Parvenu à réduire cette fièvre, il en rabattit sur ses honoraires.

177. identique à la blague 3, mais avec un Cyméen.

178 : Un médecin cyméen prescrivit à un patient qu'il considérait comme perdu un clystère, pour voir ce qui en ressortirait. Le pratiquant, en lui montrant le résultat, l'informa du décès du malade. Le médecin de conclure : « Clystère ou pas, il crevait de toute façon ».

179 : C'est un médecin Cyméen qui opère un malade. Comme ce dernier souffre terriblement et pousse des hurlements, le médecin change de scalpel pour en prendre un tout émoussé.

180 : Deux Cyméens achetèrent un panier chacun de figues sèches. L'un piochait en cachette dans le panier de l'autre, et réciproquement. Quand les figues furent épuisées, ils considérèrent leurs paniers, qui étaient vides. Ils se présentèrent devant le juge, s'accusant l'un l'autre. Celui-ci leur ordonna d'échanger les paniers entre eux, puis que chacun verse à l'autre le montant de son acquisition.

181 : A Cymé, un démagogue fut mis en accusation devant l'assemblée de la commune.
« Concitoyens, dit-il, s'il s'avère que mes accusateurs ont menti, je veux que vous leur intentiez un procès. S'il est

cependant démontré que leurs accusations sont exactes, alors restez à vos places et que le bâtiment me tombe dessus à moi seul ».

182 : Un maire de Cymé décréta un jour :
« Que les éphores[24] juste après le sacrifice offrent leur propre peau au prêtre. Que les députés viennent à l'assemblée et ne légifèrent pas. Que les cuisiniers jettent leurs propres os par-dessus le mur d'enceinte. Et que les cordonniers n'aient pas de petits embauchoirs ».[25]

183 : Les Cyméens prirent part à des élections, quand ils découvrirent que les électeurs d'autres villes ne s'étaient pas déplacés, sous prétexte d'une grande distance.
« Serions-nous idiots, conclurent-ils, si nous ne venions pas nous non plus dorénavant ? »

184 : Un médecin cyméen opérant une blessure à la tête, mit le blessé sur le dos et lui versa de l'eau dans la bouche, pour voir quand elle ressortirait par la plaie.

185 : En consultant un médecin grossier, un homme dit :
« Docteur, je suis incapable de m'allonger ou de me lever ; je ne peux même pas m'asseoir !
Le médecin répond :
– Je suppose que la seule chose qui vous reste est de vous pendre. »

186 : Quelqu'un consulta un médecin incompétent :

---

24 Chacun des cinq magistrats de Sparte qui étaient élus tous les ans et qui avaient des pouvoirs étendus, en particulier celui de police et de justice à l'égard de tous les citoyens, y compris des rois.

25 Le sens de cette blague, honnêtement m'échappe (NdT).

« Que faire ? Je pisse le sang et la bile.
Et lui de répondre :
--Quand même tu cracherais tes intestins, ça ne me ferait aucune peine ».

187 : Un médecin borgne incapable demanda à un malade :
« Comment ça va ?
Et le patient de répondre :
– Comme vous voyez.
– Si tu vas comme je vois, l'ami, alors la moitié de toi est morte ».

188 : Un médecin ausculta un patient irascible et lui annonça :
« Tu as une mauvaise fièvre.
Le malade de répondre :
– Si tu peux avoir une meilleure fièvre, voilà le lit. Allonge-toi et fais-nous, toi, une bonne fièvre ».

189 : Un astrologue incompétent a tiré l'horoscope d'un garçon malade. Après avoir promis à la mère que l'enfant avait de nombreuses années devant lui, il a exigé le paiement. Quand elle a dit : « Viens demain et je te paierai », il objecta :
– Mais que se passe-t-il si le garçon meurt pendant la nuit et que je perds mes honoraires ?»

190 : Un grincheux acheta une cruche en terre cuite pleine de miel. Quand on lui demanda combien il l'avait achetée, il précipita la cruche à terre et dit :
« Que mon sang se répande ainsi si je vous dis ».

191 : Un médecin visita un malade grincheux et lui

prescrivit de manger des miettes de pain et de la saponaire (moineau). Et le grincheux de relever :
« Comment rentrer dans la cage et manger les miettes avec le moineau[26] ? »

192 : Un grincheux jouait au backgammon[27] et un des spectateurs n'arrêtait pas de lui donner des conseils. La chose commençait à lui taper sur les nerfs, aussi explosa-t-il :
« Tu n'as donc rien d'autre à faire ? Pourquoi restes-tu là ainsi sur mon dos ?
– Je suis tailleur, mais suis sans emploi en ce moment, répondit l'autre.
Le grincheux ôte donc sa chemise et la déchire :
– Tiens, prends et recouds-la, et surtout motus ! ».

193 : A la question « Où habites-tu ? », le grincheux répondit :
– Là où je me rends ».

194 : Un ami rencontrant un capitaine grincheux, lui confia :
« J'ai vu ton péritoine[28] sur Rhodes.
A quoi l'autre répondit :
-- Et moi ton foie en Sicile ».

---

26 Jeu de mots tournant autour du mot « στρουθίον » qui signifie à la fois « moineau » et « saponaire ».

27 Tavli en grec. Une découverte archéologique récente, dans les années 2000, près de la frontiè sud-est de l'Iran, a pu faire remonter l'origine des jeux de tables à il y a environ 5 000 ans.

28 Jeu de mots tournant autour de « ἐπίπλους » signifiant à la fois « raid naval » et « péritoine ».

195 : On toqua à la porte du grincheux ; il répondit :
« Je ne suis pas là.
Le visiteur rit et commenta :
– Tu mens ; j'entends ta voix .
L'acariâtre :
– Canaille, si c'était mon esclave qui te l'annonçait, tu le croirais. Ne te parais-je pas plus digne de foi que lui ? »

196 : Un grincheux glissa et tomba en descendant l'escalier de chez lui. Quand le propriétaire lui demanda ce qu'il se passait, il lui répondit :
« Je suis tombé de l'endroit que je te loue. Qu'est-ce que ça peut te faire à toi ? »

197 : Quelqu'un s'adressa à un sénateur grincheux en ces termes :
« Je voulais te voir pour te parler un peu.
Sa réponse :
– Et moi, je voudrais te voir aveugle et boiteux ».

198 : On demanda à un instituteur idiot :
« Comment devons-nous dire pour "en deux", "τοις δύο" ou bien "τοις δυσί" ? »
Et l'instit de lever la main, deux doigts tendus.

199 : C'est un instituteur incompétent à qui l'on demande « Comment s'appelait la mère de Priam ?
-- Nous, en tout cas, répond l'instituteur qui n'en savait rien, par respect on dit "Madame" ».

200 : Un barbier très maladroit, avait tendance à taillader le visage de ses clients, et leur mettre un pansement sur la plaie.
« Tu nous égorges, nom de ... lui fit un client fort

mécontent.
– Pourquoi râles-tu, ingrat ? lui répondit le barbier. Pour un rasage d'une drachme, je t'ai déjà mis pour quatre drachmes de pansements, et tu n'es pas content en plus ? »

201 : Un apprenti coiffeur très maladroit coiffa très mal un client, avant de le charcuter en lui coupant les ongles. Le client excédé le repoussa. Et l'apprenti de s'écrier :
« Patron, pourquoi ne me laisses-tu pas m'exercer ? »

202 : Le patron avait ordonné à l'apprenti maladroit de s'occuper des ongles d'un monsieur. Le jeune apprenti fondit alors en pleurs. Quand le client lui en demanda la raison, il dit :
« Je crains, c'est pour ça que je pleure. Je vous couperai et vous charcuterai, et le patron me frappera ».

203 : Quelqu'un revenant de voyage s'enquit de sa famille à un devin incompétent qui répondit :
« Ils sont tous en bonne santé, notamment ton père ». Quand l'homme dit que son père était mort depuis dix ans, l'autre répondit :
– Tu ne sais pas vraiment qui est ton père ».

204 : Un astrologue incompétent a tiré l'horoscope d'un nouveau-né et a dit : "Il sera avocat, puis fonctionnaire de la ville, puis gouverneur." Mais quand cet enfant mourut, la mère a confronté l'astrologue :
« Il est mort - celui dont vous avez dit qu'il allait être avocat, fonctionnaire et gouverneur.
– Par sa sainte mémoire, a-t-il répondu, s'il avait vécu, il aurait été toutes ces choses ! »

205 : Quelqu'un consulta un devin incompétent, et lui

demanda si son ennemi reviendrait de son voyage. Le devin lui répondit que non. Au bout de quelques jours, pourtant, le consultant apprit que l'autre était rentré. Alors le devin : « Rien de plus indigne que ça ».

206. :Un astrologue incompétent a tiré l'horoscope d'un homme et a dit:
« Vous ne pouvez pas engendrer d'enfants ».
Quand l'homme a objecté qu'il avait sept enfants, l'astrologue a répondu:
– Prends bien soin d'eux ».

207 : Un devin incompétent tomba entre les mains d'ennemis, et leur révéla sa qualité. Quand plus tard, il fut question de combattre leurs adversaires, il augura :
« Vous vaincrez vos ennemis, si au cours de la bataille ils ne voient pas les poils de votre nuque ».

208 : Un peureux interrogé sur la question de savoir quels étaient les navires les plus sûrs : les longs (c'est-à-dire les navires de guerre) ou les ronds (c'est-à-dire les navires de commerce), répondit :
« Ceux qui sont tirés au sec ».

209 : Un chasseur peureux rêvait constamment qu'un ours le poursuivait. Il acheta des chiens, et les mit à dormir avec lui.

210 : On demanda à un pugiliste couard :
« Avec qui combattras-tu ?
Il désigna son adversaire et dit :
– Avec lui ; mon maître ».

211 : Un pugiliste couard, sous la grêle de coup que lui assenait son adversaire, supplia :
« Pitié, vous tous ! »

212 : Un pugiliste peureux acheta un champ. Il demanda aux locaux s'il y avait des fourmis[29].

213 : Ce sont deux fainéants qui dorment ensemble. Un voleur arrive, leur subtilise une couverture et l'emporte. L'un des deux hommes s'en rend compte et dit à l'autre :
« Lève-toi ! Rattrape-le ! Il nous a volé une couverture ! Mais l'autre répond :
-- Laisse courir ! On le coincera quand il reviendra pour prendre le matelas ».

214 : Un père demanda à son fainéant de fils d'aller chez le voisin, lui emprunter sa pioche. Et le fils répondit :
« Il ne la prête pas.
Comme le père insistait, il répondit :
– Je suis le voisin, et je n'ai pas de pioche ».

215 : Un fainéant avait emprunté un dinar à un autre fainéant. Lorsqu'il le rencontra, il lui réclama le dinar. Le débiteur fit :
« Tends ta main, défais le mouchoir que j'ai dans ma poche, et prends ton dinar.
L'autre lui répondit alors :
– Continue ton chemin. Tu ne me dois rien ».

216 : Un avare entré dans une tannerie ne put uriner et conséquemment mourut[30].

217 : Un propriétaire envieux, voyant ses locataires heureux, les congédia.

218 : Un envieux, voyant son voisin combattre contre des animaux dans l'arène, réclama un ours.

---

29 Jeu de mot autour de « μύρμηξ », qui veut dire « fourmi », mais aussi « gant de boxe ».(cf blague 173)

30 Les tanneurs utilisaient l'urine pour travailler les peaux.

219 : Un autre, en raison de sa couardise, inscrivit sur son front : « Ici se trouvent mes organes vitaux ». Comme il recevait de nombreux coups, il s'exclama :
« Est-ce que celui-ci ne sait pas lire et veut me tuer ? »

220. identique à la blague 211.

221 : Un glouton a fiancé sa fille à un autre glouton. Interrogé sur ce qu'il lui donnait en dot, il a répondu :
« Une maison dont les fenêtres donnent sur la boulangerie ».

222 : Un pédagogue glouton, voyant un pain suspendu, lui lança :
« Descendras-tu ? Tu récites ta leçon ou bien je monte et t'en apprends une autre ? »

223 : Un médecin glouton, voyant un pain dans un trou, mit dessus un emplâtre vésicant (pour l'en extirper).

224 : Un médecin visitant un goinfre malade, lui recommanda de prendre des légumineuses à tous ses repas. Et s'il ne trouvait pas de légumes secs, de mettre de la farine grossièrement moulue (semoule fine). Et le goinfre de répondre :
« Si je ne trouve pas de bouc, je dévorerai deux chèvres[31] »

225 : Un goinfre vit une miche de pain sur un linteau de porte et s'exclama :
« Mon Dieu, ou bien il a grandi ou alors il a rapetissé ».

226 : Un glouton alla voir un jardinier et lui remit quatre dinars contre le droit de manger autant de figues qu'il voudrait. Celui-ci lui répondit :

---

31 Jeu de mots idiomatique basé sur le terme « τράγος » signifiant la farine grossièrement moulue mais aussi le bouc.

« Des arbres les plus proches, mange ce que tu peux ».
Le glouton grimpa donc dans les plus hautes branches d'énormes figuiers, et entreprit de dévorer toutes les figues en commençant par le haut et descendant avec méthode. Au bout d'un certain temps, le jardinier s'est souvenu de lui et se mit à sa recherche. Quand il l'aperçut tout là-haut en train de secouer les branches pour dévorer les fruits, il s'énerva :
« Ne pouvais-tu pas rester en bas et manger les figues à ta portée ?
– Celles-là, je les mangerai quand j'aurai fini ici et que je descendrai ».

227 : Un glouton alla trouver un boulanger et convint de manger autant de pain jusqu'à satiété, contre une somme de quatre dinars. Le boulanger, supputant qu'une miche y pourvoirait largement, prit l'argent, laissant le glouton se remplir la panse. Commençant par un couffin, et toujours debout, il en engloutit une bonne moitié. Surpris, le boulanger lui fit :
« Mais assieds-toi donc au moins, mon pauvre, pour manger.
Et le glouton de rétorquer :
– Les pains qui sont dans ce couffin, je les mangerai debout, mais je m'assiérai pour manger ceux sur l'étagère ».

228 : Un glouton, qui était acteur comique, demanda au metteur en scène à manger avant de paraître sur scène. Celui-ci s'enquérant de cette bizarre lubie d'exiger de manger avant de jouer, l'acteur de répondre :
« Pour ne pas parjurer lorsque je déclamerai : "Moi, par Artémis, j'ai mangé tout mon soûl" ! »[32]

---

32 La tirade faisait partie d'une pièce contemporaine dont on n'a pas gardé trace.

229 : Un ivrogne sirotait à la taverne du coin. « Ta femme est morte » lui annonce un de ses amis. Et l'ivrogne d'appeler le tenancier :
« Patron, sers-moi un peu de ton vin noir », dit-il.

230 : On accusa un ivrogne de trop boire et de ne pas raisonner juste. Et l'ivrogne, qui n'y voyait plus très clair dans les vapeurs de la boisson :
« C'est moi qui suis saoul, ou bien c'est toi qui as double visage ? »

231 : Un ivrogne malchanceux hérita d'un vignoble et mourut à la saison des vendanges.

232 : Un ivrogne ouvrit un caboulot et attacha un ours à la porte.

233 : C'est un homme ayant mauvaise haleine qui, voulant mourir d'une mort toute personnelle, s'enveloppe la tête dans un linge et ouvre grand la bouche.

234 : Un homme à la mauvaise haleine, embrassant sa femme encore et encore, lui susurra :
« Ma maîtresse, mon Héra, mon Aphrodite !.
Elle répondit, en se détournant :
– Ô dieu, odieux !"[33] »

235 : C'est un homme ayant mauvaise haleine qui rencontre un sourd.
« Salut ! lui dit-il.
-- Beurk ! fait l'autre.
-- Ben quoi ? Qu'ai-je donc dit ? demande l'homme.
-- Tu as pété », répond le sourd.

---

[33] Le jeu de mot grec est basé sur ὀζεύς qui désigne une personne ayant mauvaise haleine et permet le décalage "ô Zeus, ozeus" ; on propose de le traduire par un jeu de mot français similaire avec "ô dieu - odieux"

236 : Un homme souffrant de mauvaise haleine a demandé à sa femme :
« Madame, pourquoi me détestes-tu ?
Et elle a répondu :
– Parce que tu m'embrasses ».

237 : Un homme souffrant d'halitose croisa un médecin de ses connaissances et lui dit :
« Docteur, regarde, ma luette est descendue.
Mais le médecin avait détourné le visage dès qu'il avait ouvert la bouche :
– Ce n'est pas ta luette qui a baissé, mon ton cul qui est remonté ».

238 : Un homme souffrant d'halitose choyait un jeune enfant, et pour cela, avait mâché quelque chose avant de lui tendre à manger. Mais le gamin détourna son petit visage et fit :
« Veux pas. Miam caca ».

239 : Un homme souffrant d'halitose avait mis à cuire une saucisse, et ne cessait de souffler sur les braises. Quand la saucisse fut cuite, il se mit à péter continuellement. Jamais on ne l'a cru quand il affirmait qu'il n'avait fait que souffler.

240 : Un homme souffrant d'halitose, entrant dans une épicerie, demanda :
« Avez-vous, monsieur, des figues ?
L'épicier, tournant la tête, souffla :
– Pas plus que de dattes[34] ».

241 : Un jeune acteur avait deux maîtresses ; l'une sentait mauvais de la bouche, quant à l'autre, c'était sa

---

34 Jeu de mots intraduisible, dû à une proximité sémantique entre « φοινίκια » (*finikia* – dattes) et l'onomatopée « fi » signifiant le dégoût.

peau.
« Donne-moi des baisers, lui fait la première.
– Serre-moi dans tes bras, lui fait la seconde.
Et lui :
– Que faire ? Entre deux maux, lequel choisir ? ».

242 : Dans un théâtre, il arriva qu'un jeune homme soit placé entre quelqu'un souffrant d'halitose et un autre qui dégageait de mauvaises odeurs corporelles. Quand la puanteur effleura ses narines, il se pencha vers le premier et s'enquit : « Qui a pété ? ».
Quand il comprit cependant que la cause en était l'haleine de son voisin, il se pencha de l'autre côté pour souffler à l'oreille de son autre voisin. Trouvant encore pire en matière d'odeur, il se leva et quitta la place.

243 : Un imbécile dormait avec un sourd quand il péta. Dès que le sourd sentit la puanteur, il se mit à l'insulter.
Et l'imbécile d'interroger :
« Comment entends-tu, puisque tu es sourd ? Tu te moques donc de moi ».

244 : C'est un homme ayant mauvaise haleine qui passe son temps les yeux tournés vers le ciel à faire des prières. Zeus se penche et dit :
« S'il te plaît ! Je t'en prie ! Sous terre aussi, tu sais, il y a des dieux ! »

245 : Un ami invita un goinfre à venir cueillir avec lui des fruits. Ce dernier engloutit beaucoup de figues et de raisins. Aussi, la nuit, le ventre lui fit mal, et rêvant, il vit son ami grimpé dans un figuier, l'invitant à manger des figues. Mais aussitôt parvenu dans l'arbre, leur vint l'idée de chier de là-haut (histoire de rigoler). Avec pour résultat qu'il fit dans son lit.
Cela le réveilla. Il comprit. Après avoir lavé ses draps, il se rendormit (après avoir mangé voracement). Il revit

dans son sommeil son ami assis dans le figuier et l'invitant. Mais il le considéra et lui dit :
« Tu veux encore te moquer de moi pour que je souille ma couche, croyant que je chie du haut de l'arbre. Mais je ne me laisserai pas prendre cette fois. Je chierai d'abord, avant de monter dans l'arbre ».
Et il fit à nouveau dans son lit.

246 : Un jeune homme demanda à sa femme insatiable :
« Que ferons-nous ? Mangerons-nous ou bien ferons-nous l'amour ?
Et elle de lui répondre :
– Comme tu veux. En tout cas, nous n'avons plus de pain ».

247 : Un jeune homme accueillait deux vieilles assoiffées de luxure. Il dit à ses serviteurs :
« A celle qui demande, donnez-lui à boire et à celle qui demande, faites-lui l'amour.
Ce qu'entendant, elles répondirent d'une seule voix :
– Mais nous n'avons absolument pas soif ! »

248 : Un misogyne est campé au milieu de l'agora et clame :
« Je vends ma femme, et sans taxes.
Comme on lui demanda pourquoi :
– Comme ça, on pourra me la confisquer ».

249 : C'est un homme qui déteste sa femme. Celle-ci meurt et il procède aux funérailles. Quelqu'un demande :
« Qui est en paix désormais ?
-- Moi, répond-il, maintenant je suis veuf. »

250 : Un misogyne était si malade qu'il était très proche de la mort. Sa femme lui dit alors :
« S'il t'arrivait malheur, je me pendrais.
Il tourna son regard alors vers elle et lâcha :

– Rends-moi service pareillement si je vis ».

251 : Un misogyne avait une femme bavarde et querelleuse. Quand elle mourut, il la porta sur son bouclier vers sa dernière demeure. Un passant lui en demandant la raison, il expliqua :
« Parce qu'elle aimait les batailles ».

252 : Quand on demanda à un jeune si sa femme commandait ou bien obéissait, il répondit fièrement :
« Ma femme me craint tellement que quand j'ouvre la bouche, elle se fait dessus ».

253 : Une maîtresse de maison avait un esclave idiot. Quand elle comprit qu'il n'avait pas que la tête d'énorme, elle se mit en appétit. Elle mit donc un masque sur son visage afin qu'il ne la reconnaisse pas, et entra dans son lit. Mais pendant l'acte, l'esclave la reconnut. Il alla trouver son maître en ricanant :
« Patron, Patron, j'ai niqué le danseur, et la patronne était dedans ! » [35]

254. identique au 116.

255 : Un scolastique, croisant un médecin, lui dit :
« Pardonne-moi et ne me fais pas de procès pour ne pas être tombé malade ».

256 : Un intellectuel avait un tonneau de vin, qui était bouché. Son esclave cependant l'avait percé par le bas, et en soutirait du vin en catimini.
« C'est étrange, fit le maître ; mon tonneau est toujours scellé, et pourtant la quantité de vin en diminue !
– Regarde, des fois qu'on t'en prélève par le bas, lui dit un ami.

---

[35] Les acteurs et danseurs portaient à l'époque des masques.

— Ce n'est pas par le bas qu'il m'en manque, idiot ! répondit-il, c'est par le haut ».

257 : Un intellectuel, apprenant que les corbeaux vivaient deux cents ans, en acheta un pour le garder chez lui et vérifier si cela était vrai.

258 : Un niais était en train de sombrer au cours d'une tempête ; alors que les autres passagers saisissaient chacun un agrès pour se sauver, lui, il saisit une ancre.

259 : Un scolastique, après les funérailles de son fils, en croisa l'enseignant. Il lui demanda :
« Mon fils est-il venu en cours ?
– Non, répondit l'enseignant.
– Donc, monsieur le professeur, c'est qu'il est mort, fit le scolastique ».

260 : Un scolastique gymnaste eut vent qu'un de ses élèves était malade, puis qu'il avait développé une forte fièvre, pour finir par apprendre par son père qu'il était mort. Il l'accusa donc :
« Vous évoquez toujours un tas de prétextes, et ne laissez pas vos enfants apprendre ».

261 : Un scolastique acheta de la viande et l'emporta à la maison. En chemin, un faucon se rua sur lui et lui arracha le morceau de viande des mains. Alors, il lui dit :
« Que je devienne comme toi si je ne fais pas pareil à quelqu'un d'autre ».

262. identique au 151.

263 : Quand un farceur a vu un ophtalmologiste occupé à se frotter contre une fille dans la fleur de l'âge, il lui a dit de : « Ne va pas, en lui guérissant la vue, ruiner ses profondeurs ».

264 : Un farceur est allé à l'étranger ; là, il a développé une hernie. En rentrant à la maison, on lui a demandé s'il avait ramené un cadeau. « Rien pour toi - juste un appui-tête pour mes cuisses ».

265. Quelqu'un a harcelé un plaisantin :
« J'ai eu ta femme, sans payer un centime.
Il a répondu :
– C'est mon devoir en tant que mari de m'accoupler avec une telle monstruosité. Mais toi, qu'est-ce qui t'a poussé à le faire ? »

266 : Un farceur prenait part à un jugement. Il s'aperçut que le juge somnolait. « Appel ! » clama-t-il. Le juge lui en demanda la raison.
« Pour toi, que tu te réveilles ».

267 : identique au 92.

Table des matières

Autres publications de l'auteur..6

Introduction...9

Avis du Traducteur..15

Philogelos...17